Barbara.

Hass ist krass. Liebe ist krasser.

Barbara.

Hass ist krass. Liebe ist krasser.

Lübbe

Dieser Titel ist auch als E-Book erschienen

Originalausgabe

Copyright © 2016 by Barbara.

Copyright © 2016 by Bastei Lübbe AG, Köln

Textredaktion: Stefan Lutterbüse
Umschlaggestaltung: Massimo Peter
Einband-/Umschlagmotiv: Barbara.
Satz: Helmut Schaffer, Hofheim a. Ts.
Gesetzt aus der Helvetica Neue
Druck und Einband: Appel & Klinger, Schneckenlohe

Printed in Germany
ISBN 978-3-7857-2579-5

5 4 3 2

Sie finden uns im Internet unter: www.luebbe.de
Bitte beachten Sie auch: www.lesejury.de

Ein verlagsneues Buch kostet in Deutschland und Österreich jeweils überall dasselbe. Damit die kulturelle Vielfalt erhalten und für die Leser bezahlbar bleibt, gibt es die gesetzliche Buchpreisbindung. Ob im Internet, in der Großbuchhandlung, beim lokalen Buchhändler, im Dorf oder in der Großstadt – überall bekommen Sie Ihre verlagsneuen Bücher zum selben Preis.

Liebe Buchkäuferin, Buchausleiherin oder Buchdiebin,
lieber Buchkäufer, Buchausleiher oder Buchdieb,

guten Tag, ich bin Barbara.

Ich klebe gerne, weil das Kleben so wunderschön ist.

Anfangs machte ich das alles für mich alleine, hätte nie gedacht, dass meine Gedanken und Ideen für ein größeres Publikum interessant sein könnten. Mein Antrieb war und ist die Freude an dem, was ich tue.

Meinen Freunden und meiner Familie habe ich nie etwas davon erzählt, denn ich hatte Lust darauf, ein kleines Geheimnis mit mir herum zu tragen. So wie Meister Eder, der in seiner Werkstatt einen unsichtbaren Kobold namens Pumuckl beherbergte, den nur er allein sehen konnte. Als Kind wollte ich unbedingt auch einen Pumuckl haben, keinen aus Stoff, sondern natürlich den Echten, aber daraus wurde leider nichts.

Manchmal versteckte ich mich in der Nähe einer meiner Klebeaktionen, um die Reaktion der Passanten zu beobachten. Was man so macht, wenn man ein Feedback zu seiner Arbeit will. Irgendwann habe ich dann beschlossen, Fotos meiner Klebereien im Internet zu veröffentlichen. Diese Entscheidung schlug größere Wellen, als ich mir das vorgestellt hatte.

Eines Abends saß ich bei Freunden in der WG, die Glotze war an und es liefen die Tagesthemen in der ARD. Plötzlich hörte ich die Moderatorin Pinar Atalay sagen: »Barbara. das klebende Phantom aus Heidelberg« und es folgte ein dicker Bericht über meine Arbeit, voller lobender Worte und so.

Mir wurde ganz schummrig.

Es fühlte sich surreal an und ich hatte große Mühe vor meinen Freunden zu verbergen, dass es in dem Beitrag in Wahrheit um meine heimlichen Nebentätigkeiten ging. Bestimmt hat mein Kopf geleuchtet wie 'ne Ampel, auffällig ohne Ende, aber zum Glück hat keiner meiner Freunde etwas gemerkt. Der Gedanke, dass ich hinter Barbara stecken könnte, lag wohl so fern, dass sie es mir nicht mal geglaubt hätten, wenn ich gesagt hätte: »Ich bin Barbara.«

Meine beste Freundin saß neben mir und sagte: »Voll cool, so eine Barbara müsste es in jeder Stadt geben!« Ich nickte verdruckst und wechselte schnell das Thema. Obwohl ich nicht ertappt wurde, fühlte sich das sehr, sehr schräg an, trotzdem war es ein ganz besonderer und schöner Moment für mich, den ich niemals vergessen werde.

Im Mai 2015 ist mein Buch »Dieser Befehlston verletzt meine Gefühle« erschienen, und schwupps, schon folgt der zweite Streich: »Hass ist krass. Liebe ist krasser«.

Ich liebe beide Bücher sehr, all mein Herzblut steckt darin. Für mich gehören sie unmittelbar zusammen, ich hätte sie eigentlich auch »Das Kleben der Barbara. Teil 1 und Teil 2.« nennen können.

Den Titel »Hass ist krass. Liebe ist krasser« habe ich ausgewählt, weil die meisten Fotos in diesem Buch in genau der Zeit entstanden sind, als die sogenannte »Flüchtlingskrise« die Gedanken und Gefühle der Menschen fest im Griff hatte. Rechtspopulistische Bewegungen und Parteien haben diese Krise für ihre fremdenfeindlichen Zwecke missbraucht, Ängste geschürt und Hass in den Herzen von verunsicherten Menschen gesät, fast täglich brannte irgendwo eine Unterkunft für geflüchtete Menschen.

Gleichzeitig gab es aber auch eine enorme Solidarität und Hilfsbereitschaft in der Bevölkerung. »Refugees Welcome« war die Parole der Stunde und obwohl ich Parolen im Allgemeinen ablehne, stelle ich mich zu 100% hinter eben diese, denn hilfesuchende Menschen dürfen nicht im Stich gelassen werden, das ist ja wohl das Mindeste, vor allem in einem stinkreichen Land wie Deutschland.

Ich möchte mit meiner Arbeit und mit diesem Buch allen Mut machen, die sich nationalistischem, rassistischem, homophobem und diskriminierendem Hass entgegenstellen, die für Toleranz, Nächstenliebe und Menschlichkeit einstehen.

Ich wünsche mir ein weltoffenes, herzliches und lockeres Deutschland oder Österreich oder wo auch immer, wir leben schließlich alle auf demselben Planeten.

Ich bin mir sicher, dass Hassprediger und Hetzer am Ende immer verlieren werden, denn Hass ist zwar krass, aber Liebe ist krasser.

Make Kartoffelsalat, not war!

In Liebe, Barbara.

Ich muss deine

Ausfahrt freihalten

Du musst meine

Freiheit aushalten.

Barbara.

Sänk ju
vor träweling wis
Deutsche Bahn tudei.
Wi wisch ju a
blässend dschörnei.

DB Die Barbara.

Parken verboten!
nicht 5 Minuten, nicht 30 Sekunden,
GAR NICHT!!

Ein Verbotsschild, das Autorität ausstrahlen soll, muss an allen vier Ecken festgeschraubt werden. Nicht an einer Ecke, nicht an zwei Ecken, sondern an allen vier Ecken.

Barbara.

Bitte nutzen Sie das Gehirn, nicht nur den Ständer.

Barbara.

Die geheime 4. Strophe

Heiterkeit, Respekt und Liebe,
überall, in jedem Land.
Ja, das lasst uns alle kleben,
schwesterlich, an jede Wand.

Heiterkeit, Respekt und Liebe
sind des Glückes Unterpfand.
Blüh im Glanze dieser Liebe,
blühe, Mutter Erdeland.

Barbara.

Heimatlos

Sie fliehen durch die Straßen
und die Wälder der Stadt,
Freunde und Familien
wurden umgebracht,
oho, oho.

Mit Furcht in ihren Augen
auf ein klappriges Boot,
Angstschweiß auf der Haut,
da draußen lauert der Tod,
oho, oho.

Heimat, die verschwunden ist,
Bilder die man nie vergisst,
tote Menschen weit und breit.
Das ist uns're Zeit.

Heimatlos durch die Nacht,
weil der Frieden nicht erwacht.
Heimatlos, ganz allein,
Leben kann so grausam sein.

Heimatlos durch die Nacht,
spür' was Krieg und Terror macht.
Heimatlos, ungewollt,
Geschichte, die sich wiederholt.

Barbara Fischer.

> **Stell dir vor, du brauchst Asyl und (k)einer hilft dir.**
>
> Barbara.

Jeder Unfug kriegt total viel Tiefgang, wenn er richtig in Szene gesetzt ist.

—Barbara.

Unbefugter Unfug verboten!

Barbara.

Bekleben verboten

Strafgesetzbuch § 303

Engel links, Teufel rechts, ein Kampf um mein Gewissen,
ob du's glaubst oder nicht, das ist echt beschissen.
Während sich der Engel und der Teufel anschrein,
entscheide ich mich für JA, NEIN, ich mein ... JEIN.
(Kopfkinotrompete)
Soll ich es bekleben oder lass ich's lieber sein?

Fettes Kleben. Brotlose Kunst. Barbara.

Der Montag ist mein siebtliebster Wochentag.

Barbara.

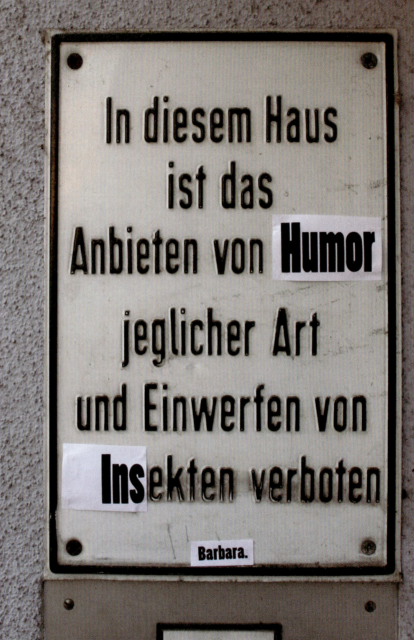

www.PierreVogel.de
Was ist der Sinn des Lebens?

Kommt ein Vogel geflogen,
will Scharia hier im Land,
seine Weltsicht ist verbogen,
Salafismus ohne Verstand.

Lieber Vogel, flieg' weiter,
lass die Jugend doch in Ruh'.
Sinn des Lebens begreifen,
ja das musst erstmal du.

Barbara.

ICH BIN DAS LICHT DER WELT

Jhn. 8·12

Dank ihrer Hilfsorganisationen wird die katholische Kirche eines fernen Tages mehr Menschen gerettet haben, als sie im Lauf ihrer Geschichte ermordet hat.

Barbara.

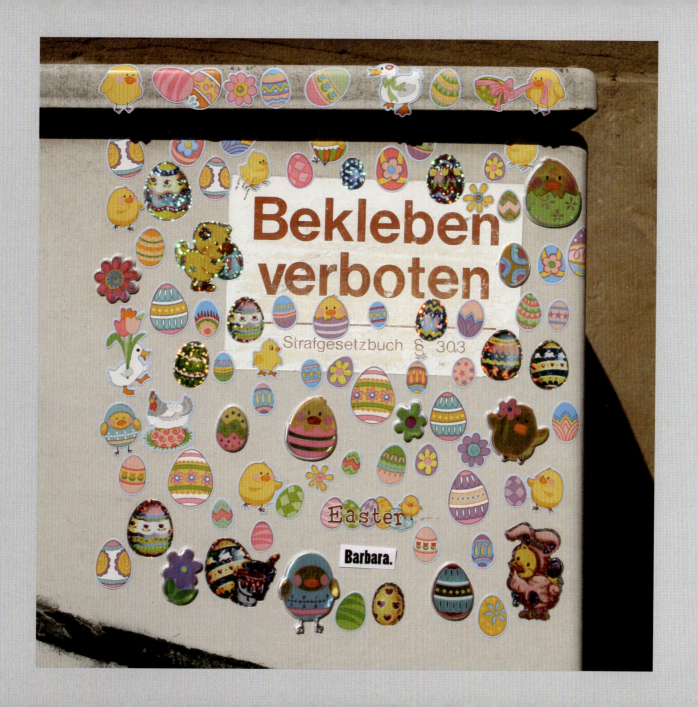

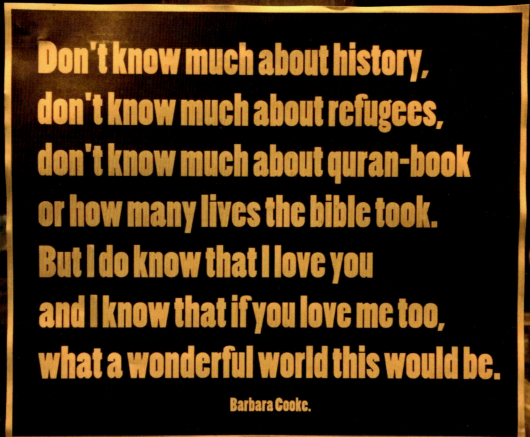

Lieber kalte Finger
als ein kaltes Herz.
Barbara.

FICK FISCH

Fischers Fickfisch fickt frische Fische, Frische Fische fickt Fischers Fickfisch.

Barbara.

ONE LOVE

Die längst schon überfällige Legalisierung von Marihuana kommt deshalb so schleppend voran, weil diejenigen, die dafür kämpfen müssten, viel zu gechillt sind.

Barbara.

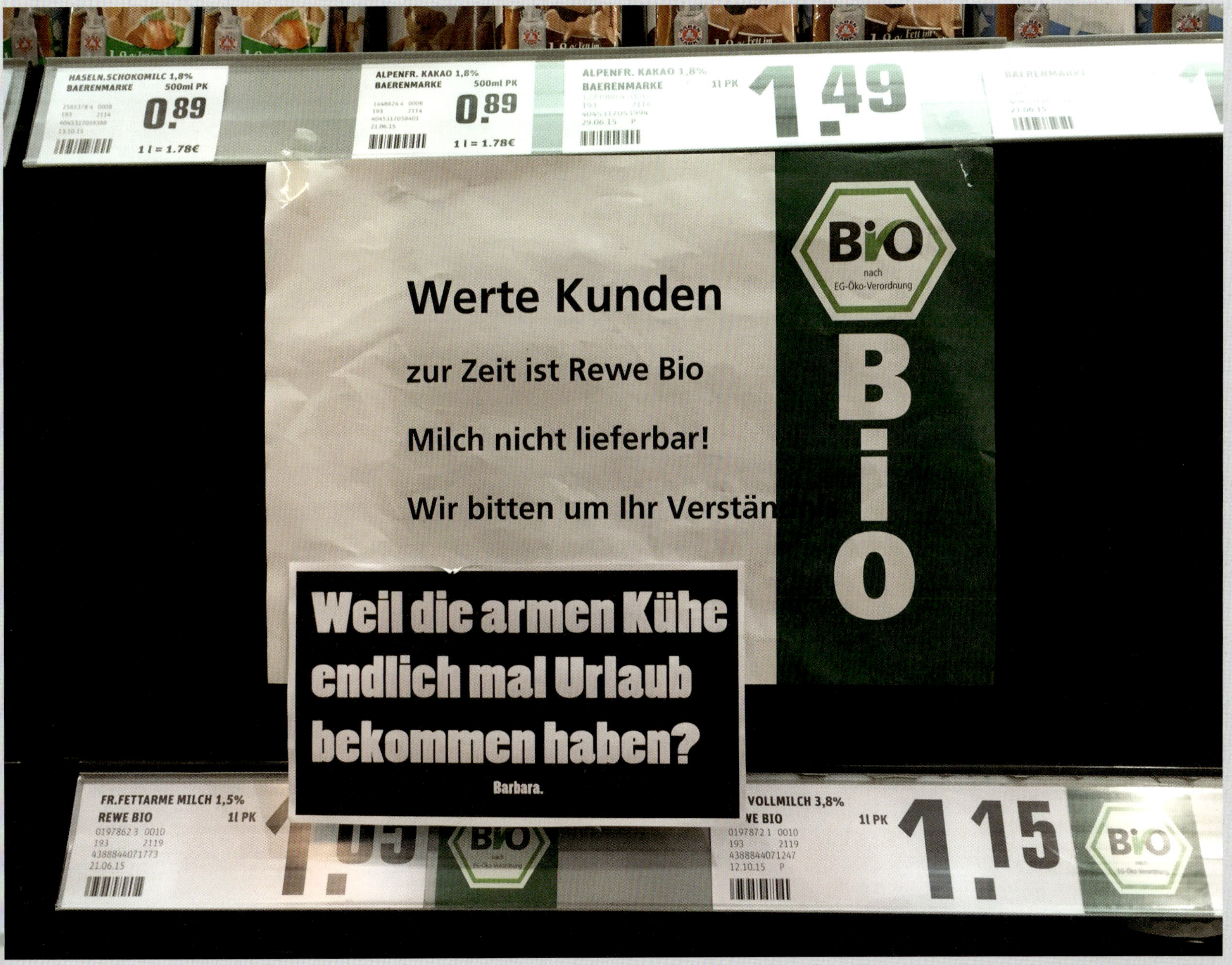

Werte Kunden
zur Zeit ist Rewe Bio
Milch nicht lieferbar!
Wir bitten um Ihr Verstän
Weil die armen Kühe endlich mal Urlaub bekommen haben?
Barbara.
BIO
HASELN.SCHOKOMILC 1,8%
BAERENMARKE
500ml PK
0.89
1 l = 1.78€
ALPENFR. KAKAO 1,8%
BAERENMARKE
500ml PK
0.89
1 l = 1.78€
ALPENFR. KAKAO 1,8%
BAERENMARKE
1l PK
1.49
FR.FETTARME MILCH 1,5%
REWE BIO
1l PK
VOLLMILCH 3,8%
1l PK
1.15

Plakate ankleben verboten

Haftnotizen gehen klar, oder?

Barbara.

Bekleben verboten

Strafgesetzbuch § 303

Spieß mal nicht so rum, ey,
ich will nur was erleben.
Privat und heimlich kleben,
was kann es Schönres geben?
Yippie Yippie Yeah
Yippie Yeah
Paragraphen Remmidemmi.

Barbara van der Deich.

NO NAZIS

NO CRY

Barbara.

DU HURE

Und wenn deine Mutter das liest?

Barbara.

Hunde verboten!

Gesetzlich geschützt · Alle Rechte bei H. Gütsch, Dreieich

> **Eines Tages werden Katzen die Weltherrschaft an sich reißen.**
> Barbara.

Wenn meine Nachbarn so tierisch laut poppen, dass ich sie hören kann, dann macht mich das irgendwie glücklich, weil es ein Akt der Liebe in Zeiten des Hasses ist.

Barbara.

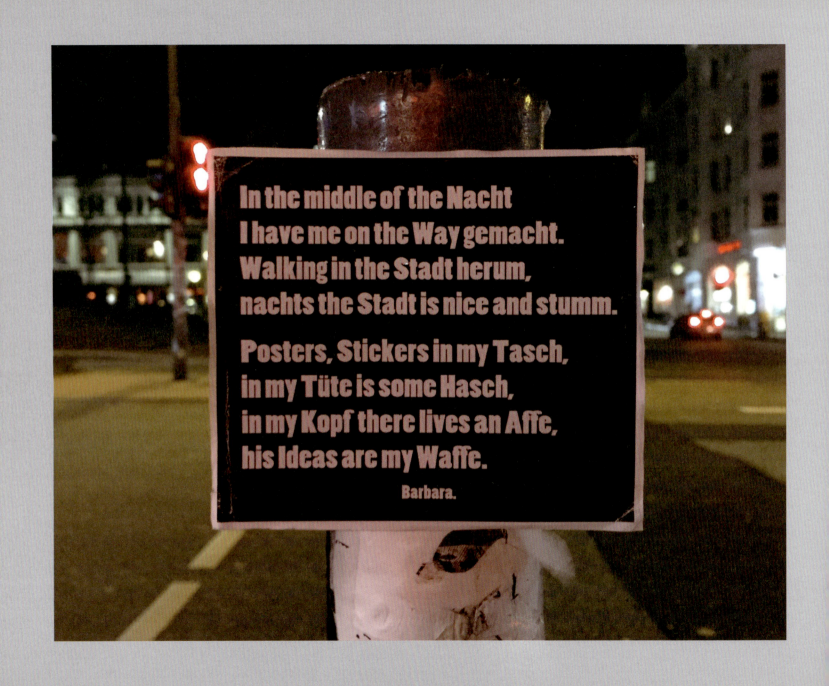

Helge-Schneider-Straße

Beim Überqueren dieser Straße muss das Haupthaar geschüttelt werden!

Barbara.

Haribo mahlt Knochen klein und macht ganz viel Zucker rein.
Barbara.

Hey Barbara, du Vollpfosten, das ist der Pombär und nicht der Goldbär.
Barbar.

Omg! Wie erBÄRmlich von mir.
Barbara.

Bekleben verboten

Strafgesetzbuch § 303

Mit Kaugummi anpappen ist nicht bekleben!
#isso

Barbara.

Einfach frei sein.

Barbara.